T0116688

Milet Publishing
Smallfields Cottage, Cox Green
Rudgwick, Horsham, West Sussex
RH12 3DE England
info@milet.com
www.milet.com
www.milet.co.uk

First English–Turkish edition published by Milet Publishing in 2013

Copyright © Milet Publishing, 2013

ISBN 978 1 84059 817 9

Original Turkish text written by Erdem Seçmen
Translated to English by Alvin Parmar and adapted by Milet

Illustrated by Chris Dittopoulos
Designed by Christangelos Seferiadis

Printed and bound in Turkey by Ertem Matbaası

My Bilingual Book

Smell
Koklama

English–Turkish

How do you smell a garden of flowers?

Nasıl duyarız bir bahçe dolusu çiçeğin

Or the fresh air after rain showers?

veya yağmurdan sonraki taze havanın kokusunu?

Smell is one of our senses, as you know.

Koklamak duyularımızdan birisidir.

It's the reason you have a nose!

Burnumuzun olması bunun sebebidir.

Like hearing, sight, taste, and touch,

Tıpkı duymak, görmek, tatmak ve dokunmak gibidir

your sense of smell tells you so much.

koklama duyusu; sana çok şey anlatır.

It helps you decide what you like to eat,

Karar vermeni sağlar; neyi yemek istediğine

and animals you don't want to meet!

ya da hangi hayvanla tanışmak istemediğine!

Your nose is your detective for finding cakes.

Burnun keki arayan bir dedektiftir.

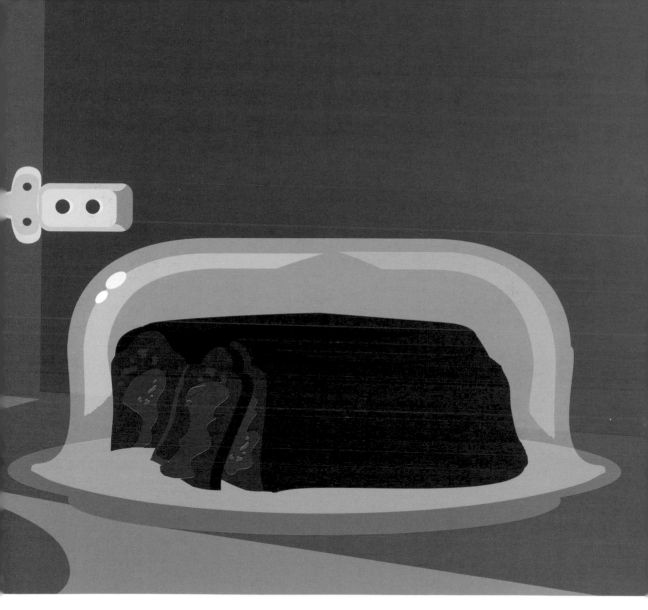

It will track down goodies, whatever it takes!

Ulaşmak istediklerinin izini sürecektir.

Your smell sense tells you where you are,

Burnun söyler sana nerede olduğunu;

in a forest, by the sea, or in a city full of cars!

ormanda mı, deniz kenarında mı, yoksa araba dolu bir şehirde mi?

There are so many smells that we enjoy,

Hoşlandığımız birçok koku var;

like soap and bread and our best cuddly toy!

sabun, ekmek, sevimli oyuncaklar!

When you smell yourself and say, oh my gosh!

Kendini koklayınca dersin ki; aman tanrım!

You know it's time for a really good wash!

Şimdi tam zamanı, hemen yıkanmalıyım!

A cold makes your nose stuffy and red,

Soğuk burnunu tıkar, ucunu kızartır

but it will get better if you rest in bed.

ama yatakta biraz dinlenmek rahatlatır.

And once you are well,

Kendini iyi hissettiğinde

go out and smell!

at kendini dışarı ve hisset yaşamın kokusunu içinde!